Mulțumesc

Merci

Michel HENRY

Mulţumesc

Merci

Éditions EDILIVRE APARIS
93200 Saint-Denis – 2011

www.edilivre.com

Edilivre Éditions APARIS
175, boulevard Anatole France – 93200 Saint-Denis
Tél. : 01 41 62 14 40 – Fax : 01 41 62 14 50 – mail : actualite@edilivre.com

ISBN : 978-2-3324-5133-0
Dépôt légal : juillet 2011

À vous Benoît, Nicolas, Serge, Maman, Papa, trop tôt disparus…

À vous Pascale, ma fille, Agnès pour tout votre amour…

Mardi 1er mars 2011, 9h30… Je viens de mettre un percolateur en route et je continue à râler quant à l'ouverture d'un paquet de café. Jamais je ne réussirai cette opération sans en mettre partout. J'attends toujours qu'un génie me simplifie la vie en inventant une ouverture pratique.

Je me fais un bon petit café pour m'accompagner dans l'essai, sans doute improbable, de la rédaction d'un roman.

Cela fait trop longtemps que je rumine, que je fulmine, que je m'ennuie entre mes quatre murs, coincé par une maladie beaucoup trop lourde, un cancer que je veux vaincre à tout prix même si, dernièrement, la médecine a décidé de ma condamnation qui devrait intervenir dans les cinq prochaines années.

Cela fait longtemps que la plume me démangeait et que l'envie de coucher sur papier mon histoire me suivait, l'histoire d'un homme somme toute un peu banale, mais je sens que j'ai des mots, des phrases à vous faire partager. Et puis, il y a tout au fond de moi la volonté de réussir une dernière grande et belle chose, grandir encore et encore avant que je ne m'envole vers d'autres cieux.

Ce récit, je ne le veux ni dramatique, ni mélancolique, je souhaite qu'il soit sincère et qu'il puisse, peut-être, réconforter ceux qui, tout comme moi, traversent ou traverseront un jour cette douloureuse épreuve, cette rencontre avec la souffrance et la maladie.

Ne vous attendez pas à de hauts discours philosophiques, ni à de grandes théories métaphysiques. Je suis un homme simple, un gars comme on en croise tous les jours dans la rue, au boulot, je ne suis ni un génie, ni un abruti. Je suis aussi un artiste à qui on a beaucoup trop vite coupé les ailes, m'empêchant de me lancer dans cette magie que représentaient pour moi, le théâtre, le cinéma, la comédie.

Frustrations de n'avoir pas pu vivre une carrière dans ce domaine… Les poncifs ont eu raison de mes rêves. Combien de fois à cette époque n'ai-je entendu dire, « ce n'est pas un métier », « tu vas devoir bouffer de la vache enragée pour t'en sortir » et j'en passe et des meilleures.

La plume, le verbe, l'orthographe, je crois les manier avec une certaine aisance. Très vite, très jeune, j'ai acquis cet amour littéraire et c'était au temps où les dictées avaient leur importance, c'était le temps où l'on apprenait encore à écrire sans faute.

Qu'il est loin ce temps-là, révolu, dépassé ! Place aux SMS et aux textos, vive les mails et les courriels ! On se parle aujourd'hui comme des robots, les touches de nos claviers ont pris le pas sur ces magnifiques stylos-plumes que l'on trempait dans l'encrier. Peut-être suis-je vieux jeu, mais je préfère un « je t'aime » à un « j'te kif grav »…

Je suis en train de relire mes premières phrases, mes premiers mots et je me dis que je vais sans doute aller au bout de cette histoire. En tout cas, j'ai une envie diabolique de pouvoir y parvenir…

Certes, il me faudra un certain temps pour vous confier tout ce que mon esprit et mon cœur contiennent. Les nausées, les moments de faiblesse seront toujours bel et bien présents malgré l'écriture, mais l'envie devra être plus forte. Y parvenir, toucher au but, réaliser un dernier rêve, il le faut, je le veux.

J'ai lu aussi trop de bouquins où l'ésotérisme prenait le dessus et où, même en relisant dix fois les mêmes phrases, je me demandais toujours ce que cela voulait signifier. Je me pose toujours la question d'ailleurs.

Simples, restons simples, juste pour que vous me compreniez sans avoir besoin d'un dictionnaire à vos côtés.

À travers mon périple, vous ferez connaissance avec la mort, trop vite croisée, la pédophilie qui existait déjà il y a quarante ans, la merveilleuse expérience que représente l'adoption, un pays, pas si lointain où la civilisation avait une cinquantaine d'années de retard par rapport à la nôtre, des parents trop vite disparus et ma confrontation avec ce qui me pousse à me confier à vous aujourd'hui, le cancer.

Qu'elle est agréable cette odeur de café, comme c'est bon d'entendre à nouveau les oiseaux chanter ! Le printemps est de retour, la lumière se fait plus abondante, tout cela fait du bien à un moral qui avait tendance à chuter dans les profondeurs du désespoir.

Mettre à l'écart les moments futurs, la chimio de demain, la prochaine opération, oublier le quotidien, les jours et les nuits passés en clinique, oublier l'espace d'un livre les difficultés quotidiennes.

Depuis bientôt quatre ans, je vis reclus dans ma maison, entouré d'une femme extraordinaire qui m'a réellement transformé, qui m'a appris à combattre, à lutter, à devenir un homme, à grandir. Je l'admire cette épouse qui doit vivre au quotidien la souffrance de son conjoint. Elle est ma drogue, mon double, ma protectrice. Mais Dieu qu'est-ce qu'elle peut me manquer quand elle se rend à son travail !

C'est un peu comme si la vie s'arrêtait lorsqu'elle s'éloigne le matin et qu'il me faut patienter huit heures durant avant que le soleil ne revienne.

Quand elle s'absente, la peur s'installe, le trouble prend le dessus, la confiance s'étiole et une obsession naît en moi, celle de la voir franchir le pas de la porte le plus vite possible. Alors, alors seulement, les idées noires s'envolent, les sourires reviennent et l'angoisse disparaît, elle est là.

Quatre ans, bientôt quatre ans et à l'heure des réseaux sociaux, je me dis que le mien s'est réduit à une peau de chagrin. Que sont tous mes amis devenus, où sont mes collègues de travail, qui pense encore aujourd'hui à moi ?

Le monde va vite, de plus en plus vite, trop vite. On s'agite, on stresse, on s'enferme dans son cocon familial, le monde devient de plus en plus égoïste.

Combien de fois ai-je espéré qu'un proche franchisse le seuil de la porte de ma chambre pour que l'on papote, que j'oublie ces longues heures à regarder les produits s'écouler, que le temps passe plus vite.

Rien, le néant, c'est un peu comme si tous avaient fui le navire, comme si je traînais derrière moi une maladie contagieuse voire honteuse.

En écrivant ces mots, je suis en train de me dire que c'est peut-être moi qui suis égoïste. J'oublie que mon entourage a des obligations professionnelles, familiales.

Je dois avouer également que j'ai choisi de faire un tri dans ce que j'appelais mes amis. Quand je me suis rendu compte que plus personne ne voulait partager mes doutes, ma douleur, j'ai jeté comme des malpropres ceux qui à mes yeux ne m'apporteraient plus rien.

Dans cette grande lessive, j'ai même bazardé ma meilleure amie, celle que je considérais comme ma grande sœur.

Balayés, d'un coup, d'un seul, les trente-six ans d'amitié, de complicité, sans un regret mais avec beaucoup d'amertume. Celle à qui j'avais rendu tant de services, celle que j'avais soutenue dans des moments difficiles, cette femme-là a oublié tout ce que j'avais offert. Je sais qu'en amour et en amitié, on ne devrait jamais compter ce que l'on offre et ce que l'on reçoit, mais il ne faut non plus être dupe et j'ai l'impression d'avoir été trahi, oublié et bien qu'elle me manque encore aujourd'hui, jamais plus je ne pourrai croiser son regard.

Quant au monde du travail, j'ai bien compris que notre société était basée sur la productivité, sur la réussite personnelle, le triomphe du moi. Les relations y sont complexes, difficiles et faussées par les lois qui régissent tous les métiers.

La bonne conduite veut que vous vous comportiez convenablement vis-à-vis de vos collègues, les codes l'exigent. Il n'y a pas d'amis dans l'entourage professionnel, il y a des connaissances.

Voilà donc le contexte dans lequel je vous livre ma modeste existence. J'espère qu'elle intéressera quelques-uns d'entre vous et que vous puiserez ça et là des moments d'espoir, des questionnements peut-être.

Voici donc la vie d'un gars simple et la simple vie d'un gars…

À toi Benoît…

C'est à Gosselies, le samedi 3 janvier 1959, loin du tumulte aérien actuel, que naît Michel, Bernard, Pascal Henry, fils de Denise, aide-familiale et d'Emile, militaire de carrière. Je suis donc capricorne et chien selon les signes chinois.

Mais tout ceci n'a que peu d'importance : je suis terre à terre et je n'ai jamais accordé aucune espèce d'importance aux astres et signes zodiacaux.

Tout ce que je retiens de cette maudite date, c'est qu'elle se situe trop près, beaucoup trop près des fêtes. Je risque d'être moins gâté qu'un autre en étant né juste après Noël et Nouvel An. La famille va faire un amalgame et les dringuelles seront confondues avec mon anniversaire. On n'y peut rien changer, il faudra vivre avec…

De ma plus tendre enfance me reviennent quelques vagues souvenirs…

Une petite vie qui commence d'une drôle de façon car le bambin que je suis va très vite faire connaissance avec le milieu hospitalier. Le pauvre chéri souffre d'une méningite qui effrayera beaucoup mes parents mais dont je me tirerai sans dommage, enfin c'est toujours ce que je crois à l'heure actuelle. D'autres pourront peut-être dire que j'en ai toujours gardé des traces (Lol comme on dit aujourd'hui).

C'est aussi une tante couturière qui me garde chez elle pendant que mes parents travaillent. Je me souviens de cette immense table de travail sur laquelle elle me posait. J'y passais des heures et des heures à jouer avec des boutons, des perles, c'était le top au niveau garderie ! Je me pose d'ailleurs la question de savoir pourquoi je ne me suis pas lancé dans la haute couture, j'avais toutes les armes en main…

La vie dont je me souviens vraiment commence sur les bancs de l'école maternelle, une vie plaisante, simple, joyeuse. Aujourd'hui, je me souviens encore de cette Mademoiselle Valentine, tendre, attentionnée. Une première maîtresse, je pense que ça ne s'oublie jamais.

L'école est stricte, sévère, des écoles comme on en trouve encore très peu de nos jours. Les institutrices et instituteurs qui se succèdent sont tous du même acabit : exigeants, compétents et respectables. C'est encore l'époque où ils font partie, tout comme les médecins et les curés, des notables de la ville.

C'est une dame fabuleuse et extraordinaire qui, lors de ma première année, me livrera toutes les bases orthographiques et grammaticales, un cadeau somptueux qui me sert toujours à l'heure actuelle. Ils sont précieux tous ces présents que l'on peut garder intacts après autant d'années.

Je continue à grandir et à m'épanouir au sein d'une famille stricte, pas étonnant avec un papa militaire, famille qui viendra s'agrandir avec l'arrivée de ma sœur, trois ans après ma naissance.

C'est le temps du Patro, dont je gravirai tous les échelons, du grade de benjamin à celui de président. Le mouvement de jeunesse me plaît. Il me permet, chaque dimanche, de me dépenser, de rire, de découvrir de nouvelles sensations.

C'est un lieu de vie magique où chaque semaine est rythmée par de nouveaux jeux, de nouveaux chants. C'est aussi l'assurance de vacances estivales que l'on attend d'année en année. Ah ces fameux camps, ces tentes, ces feux de bois, ces jeux de nuit, quelle récompense, que de souvenirs…

Ceci étant dit, tout comme le fut le service militaire, obligatoire (dommage d'ailleurs que ce ne soit plus le cas), je pense avec certitude que la fréquentation d'un mouvement de jeunesse devrait être obligatoire pour la jeunesse actuelle.

Il n'y a pas photo entre le fait de partager des activités ludiques à travers un groupe et les habitudes prises par nos jeunes têtes blondes aujourd'hui.

PC, PS 1, 2 ou 3 que sais-je, MP3 et tout ce qui inonde le marché actuel, tout cela confine le jeune dans sa bulle. On l'intériorise, on l'informatise, on le « facebookise », on le gâte surtout pensant lui faire du bien ou simplement on démissionne pour avoir la paix. C'est là, selon moi, une grave erreur. Il faut redonner d'autres valeurs à nos enfants, les ouvrir sur l'extérieur, les « réhumaniser », tâche complexe j'en conviens.

Mais revenons à ce garçon qui non seulement fréquente les mouvements de jeunesse, mais est aussi enfant de chœur et est affilié à un club de foot.

C'est la période des premiers flirts que l'on rejoint avec son petit vélo sans frein et où l'on use ses souliers car la petite Dominique habite au bas d'une rue à forte pente.

Les garçons et les filles de mon âge fréquentaient plus que de coutume les messes de semaine, tout cela pour avoir l'occasion de se revoir. Il fallait presque se battre pour pouvoir servir la messe en semaine…

Les premiers baisers, les premiers émois, sans crainte, sans danger, si ce n'est l'engueulade des parents. Pas de Sida non plus à cette époque, l'amour est vie, l'amour ne tue pas. Ah Dominique, Françoise, Anne, que de beaux souvenirs, quelle douce insouciance !

Puis, un jour, le drame, une rencontre avec un monstre, une journée qui marquera ma vie à tout jamais. Un homme, en l'espace de cinq minutes, va me faire perdre toute mon innocence, il va gâcher mon enfance, il va changer le cours de mon existence.

C'était un mercredi, après le catéchisme, j'avais pris pour habitude de me rendre à pied jusqu'au terrain d'entraînement où je pratiquais le football.

En traversant une place, un homme d'une quarantaine d'années m'aborde. Il a les deux mains bandées et porte sous son bras une mallette brune entourée d'un élastique de couleur noire. Je me souviendrai toute ma vie de sa tête et de tous les détails. Prétextant une blessure aux mains, il me demande de l'aider à uriner.

Il y a là à dix mètres un endroit prévu à cet effet. L'homme me menace, il aurait un couteau dans sa serviette. Je prends peur et je m'exécute, sachant très bien que je fais à ce moment-là quelque chose de très mal. Mais avais-je le choix ?

La scène dure à peine cinq minutes. L'homme s'en va, achetant mon silence en me donnant un billet de vingt francs.

Il est parti, je suis en vie, je viens de commettre l'irréparable et je me sens plus coupable que victime. Malgré mes doutes, je m'empresse de tout raconter à mes parents qui convoquent immédiatement la gendarmerie.

Avoir dix ans et répondre à des hommes en uniforme, ce n'est pas courant, ça me fait même très peur. La signalisation que je ferai de mon agresseur sera on ne peut plus fidèle, j'en veux pour preuve son arrestation le lendemain même.

Au passage, je me souviendrai aussi de cette réflexion stupide d'un des deux gendarmes. J'avais déchiré le billet de vingt francs et l'avais mis à la poubelle. L'homme de loi m'a averti que je n'avais pas le droit de faire disparaître de l'argent. Quel déséquilibre entre la loi et ma tristesse du moment…

Vient ensuite la convocation devant le tribunal. À l'école, je suis devenu une vedette, celui dont tout le monde parle, celui qui va passer devant la Justice…

Me voilà dans cette grande salle d'audience, moi un petit gars de dix ans, entouré par des dizaines d'adultes. Je n'y resterai pas très longtemps, juste le temps de monter à la barre et de répondre à la question du Président :

– Est-ce bien ce monsieur qui t'a agressé ?

Ma réponse est discrète, l'homme est là en face de moi, j'ai toujours aussi peur et un oui à peine audible se dégage de ma gorge.

La suite, je la vivrai à l'écart, enfermé dans une petite pièce jouxtant la salle d'audience. De l'endroit où je me trouvais, je pouvais entendre les cris et les remontrances faites à l'accusé, mon accusé.

La sentence me paraît dérisoire et ridicule : cinq ans de conduite surveillée, pas d'emprisonnement. Je risque donc de le croiser à nouveau dans un futur plus ou moins proche. C'est un peu comme si on lui avait dit :

– Ce n'est pas bien ce que vous avez fait, il ne faudra plus recommencer où les sanctions seront plus lourdes.

Il est libre lui, il va, il vient et moi depuis cet instant où je l'ai rencontré, ma vie n'est plus la même, partagée entre la honte et la peur, entre l'angoisse et la tristesse.

Il a brisé ma vie d'enfant, il m'a ôté mes rêves, sali ma chasteté, plus jamais rien ne sera comme avant. Comme je t'en veux, crapule, d'avoir cassé ma vie.

Finis le football, les balades à vélo, les moments de solitude ! Je dois être entouré, protégé tout le temps. Avoir dix ans et ne plus oser sortir de chez soi, quel calvaire !

La pédophilie existe sans doute depuis la nuit des temps, il suffit de constater ce qui se passe au sein de l'Eglise quand les langues se délient. Aujourd'hui, je pense à tous ces enfants qui ont subi des préjudices bien plus graves que le mien, des pauvres petites victimes qui ont même donné leur vie pour satisfaire les pulsions de ces malades du sexe et je me dis que ma maladie actuelle n'est en rien comparable à ce qu'elles ont dû endurer.

La vie passe, j'essaie d'oublier et de chasser mes craintes et voici que se présente « la grande école », le passage à l'école secondaire.

Ma première année est un fiasco total. Je me retrouve dans une école traditionnelle avec neuf heures de latin par semaine. Je ne suis pas encore prêt, je ne suis pas encore mûr pour pouvoir affronter tout cela.

C'est donc lamentablement que j'échoue au bout d'une année tristounette.

Mais ce qui s'était révélé être un échec allait soudainement changer ma vie.

Le collège dans lequel je me trouvais allait basculer dans le rénové.

C'était l'époque des années folles de l'enseignement où chaque jour, j'exagère à peine, on ouvrait une nouvelle option. Je me souviens d'avoir eu des cours de photographie, des cours d'expression musicale, mais surtout mes choix allaient se tourner vers les Sciences Sociales et les Arts d'Expression.

Quel bon choix que celui-là ! Du gamin timoré que j'étais devenu, j'allais faire tomber les unes après les autres toutes les inhibitions qui étaient miennes. L'introversion ne serait désormais plus présente, je m'ouvrais au monde.

Que de spectacles, que de textes mémorisés, que de mises en scène et je l'avoue modestement, quel talent ! Au fur et à mesure des humanités, j'allais vivre une passion au quotidien, celle d'être sur les planches, de créer, d'inventer, de jouer la Comédie. J'avais, selon moi, découvert ma voie, elle était toute tracée, j'étais fait pour cela… Je déchanterai quelques années plus tard.

Mais cette première année passée dans le nouveau système allait aussi me permettre de faire connaissance avec celui qui allait devenir mon meilleur ami, mon pote, le complice d'humour, un frère pour moi, Benoît…

Le temps que nous avons passé ensemble fut terriblement et atrocement court, mais que de souvenirs, que de blagues jouées !

C'était le temps des gamineries où l'on passait son temps à cacher dans le clocher les clefs de la sacristie, où l'on tartinait les vitres arrière des autobus et où l'on désossait jour après jour un tram entier (le fameux 15) pour pouvoir lors d'une fancy-fair recréer un bar à l'identique du tram 15.

Chaque nouvelle journée nous remplissait de bonheur. Elle était pour Benoît et moi-même l'occasion de nouvelles frasques. Pas un jour ne se passait sans que nous nous illustrions d'une manière ou d'une autre.

De plus, nous n'habitions pas très loin l'un de l'autre, ce qui nous permettait de nous retrouver après les cours et les week-ends.

Les vacances de Noël se terminent, il est temps de rejoindre le collège, mais ce lundi-là Benoît ne se présente pas. Le soir, sa maman m'explique au téléphone que Benoît est atteint d'une grippe et qu'il sera absent pendant une semaine.

Le calvaire commençait pour mon pote… Très vite, de grippe il n'en fut plus question, mais Benoît allait enchaîner perforation sur perforation, estomac, foie, tout y est passé et je pleurais sans cesse et maudissais la vie qui était en train, petit à petit, de m'enlever mon ami.

J'étais le seul, avec la famille, à pouvoir lui rendre visite et je me souviendrai toujours de notre dernière rencontre. Benoît, nu sur son lit, ne pesant plus que quelques kilos, un gamin de 12 ans qui clairement demandait à mourir. Cette phrase a été la dernière. Quelques jours plus tard, Benoît s'éteignait après trois longs mois de souffrance.

Trop jeune, trop tôt pour faire connaissance avec l'inéluctable, avec ce qui nous pend tous au nez, la mort.

De ton départ, je me souviendrai toujours de cette foule immense et recueillie, de ce petit cercueil blanc et de ce cimetière si paisible où souvent je suis venu te rendre visite. De toi, il me reste une lampe de chevet qui était la tienne, mais surtout je garde de toi le souvenir d'une amitié merveilleuse, d'une entente fraternelle et d'un garnement aussi facétieux que moi.

Souvent, tout au cours de ma vie, aujourd'hui encore, quand mon ciel s'obscurcit et que les souffrances se réveillent, souvent dans ces cas-là, je pense à toi et cela m'aide à traverser les trous noirs de ma vie.

J'avais l'impression, à cette époque de ma vie, que le mauvais sort s'acharnait sur moi. La mort et la pédophilie étaient entrées dans ma vie, sournoisement, sans crier gare et l'adolescent que j'étais n'avait pas les épaules assez solides pour pouvoir assumer tout cela.

Et pourtant, je devrais par la suite, je le saurais plus tard, affronter d'autres drames, d'autres douleurs et me forger au fil du temps un caractère d'adulte.

Mes parents s'aimaient énormément, ils se connaissaient depuis leur adolescence et formaient à mes yeux, un couple parfait. Plutôt que d'investir dans de la brique, ils préféraient consacrer la majeure partie de leur temps aux loisirs.

Je crois ne pas devoir me tromper si je vous dis que dès que je suis né, j'ai fait connaissance avec les vacances. Oh bien entendu, au début on se cantonnait à la côte belge ou à l'Alsace, mais bien vite j'allais découvrir des contrées plus lointaines, le sud de la France, l'Italie, l'Espagne, l'ex Yougoslavie et bien d'autres pays encore.

À chaque fois, c'était une fête, un moment de partage familial unique. Que de kilomètres parcourus, que de photos dans mon esprit !

Pourtant, comme je l'écrivais précédemment, avoir un père militaire de carrière n'a pas toujours été facile à vivre. De par son métier et son caractère, il était assez autoritaire et très ponctuel. Je ne vais pas dire que j'ai eu une enfance difficile, mais j'ai souvent, trop souvent été « secoué » pour des bêtises d'enfant.

Tout en l'adorant, je le craignais aussi. Il était imprévisible et les sanctions étaient virulentes. Nous avions peur surtout quand il avait bu le verre de trop. Il était alors complètement hors de lui et d'une méchanceté incroyable.

Je ne lui jette pas la pierre et je ne voudrais surtout pas que vous croyiez que mon père était un alcoolique, mais ces épisodes d'agressivité ont marqué ma vie à tout jamais.

Maman, elle, une fois après avoir perdu son boulot, se retrouvait seule à la maison, sans doute trop seule. Très vite, j'ai constaté qu'elle se réfugiait dans l'alcool.

Ce que ma sœur et mon père ne voyaient pas, moi je le devinais au moindre coup d'œil. Combien de fois, n'ai-je pas fouillé la maison à la recherche de bouteilles quelconque, combien de fois n'ai-je pas cassé violemment le poison qui la rongeait ? J'étais devenu otage de ses déboires : elle me réclamait à chacune de mes découvertes, le silence auprès de mes proches.

C'était aussi un rôle beaucoup trop lourd à assumer pour l'adolescent que j'étais. On ne devrait pas endosser des charges pareilles alors que l'on n'a que quatorze ans.

Enfin, pour la petite histoire, qui aura son importance par la suite, mes parents et la médecine ne s'entendaient pas tellement, reportant souvent au lendemain, voire même jamais, une consultation chez le médecin ou un examen en clinique.

La fameuse recette « ça va passer », « ça ira mieux demain » était la façon de faire de mes parents. Plus j'y pense et plus je me dis qu'ils en avaient peur et qu'ils craignaient sans doute s'entendre prononcer une sentence qu'ils n'avaient pas envie d'entendre.

14 mars 2011… Parenthèse

Ce lundi, je constate que j'ai mis entre parenthèses l'écriture et je me pose la question de savoir si je vais pouvoir terminer ce bouquin. Les cures de chimio sont de plus en plus dures à supporter, elles me minent le moral, me détruisent la santé, m'épuisent, je n'ai plus de force, plus de ressource, je suis las et la peur m'envahit un peu plus chaque jour. Je subis, comme ils disent, des périodes de « chauffe », qui se concrétisent par une température élevée, des nausées, des vomissements, des saignements, des crampes musculaires et une fatigue extrême. Toutes choses que les spécialistes considèrent comme normales, qui ne sont que des effets secondaires liés aux produits toxiques que l'on m'injecte chaque semaine.

Normales… mais je me retrouve, bien malgré moi, aux urgences de la clinique tellement ma tension est basse et puis c'est aussi une obligation de passer par ce stade une fois que la température dépasse le seuil des 38 degrés.

Parenthèse qui nous a permis de nous évader quelques jours en Alsace, le temps d'essayer d'oublier, de se vider la tête, de nous éloigner de toute cette souffrance qui est mienne. Partir, quitter mes quatre murs où je rumine un peu plus chaque jour.

Je pensais que l'évasion serait totale, que j'allais pouvoir m'abandonner aux délices des décors de cette région que j'adore, que j'allais redevenir épicurien une fois confronté aux mets divins dont ce pays regorge. J'ai fait fausse route, je me suis trompé une fois de plus. Plutôt que de m'abandonner à la beauté des décors, au printemps on ne peut plus fleuri, au retour de la vie (je n'avais jamais vu auparavant autant de cigognes en liberté), plutôt que de vivre et de profiter de l'instant présent, sans le dire à mon épouse, j'intériorisais des questions existentielles et je me morfondais au fil des kilomètres qui défilaient…

Est-ce là mon dernier voyage, verrais-je encore ces départements qui sont miens depuis que je les fréquente, pourrais-je encore partir une fois les grandes vacances venues ? Et puis, la question la plus poignante, la plus angoissante, la vie aura-t-elle le dessus vis-à-vis de la mort, serai-je toujours vivant une fois l'été venu ?

Dans trois semaines, je saurai, je serai fixé, tous les examens seront terminés et la sentence tombera.

Parenthèse parce que les nouvelles qui tournent autour de moi ne sont pas bonnes.

Un jeune garçon, une connaissance, s'est éteint la semaine passée, avec une formule bien connue de tous : « Il s'est éteint suite à une longue et pénible maladie ».

Une amie québécoise, dont je vous reparlerai plus tard, me transmet des nouvelles de sa famille et là encore il est question de ce crabe qui ronge et qui enlève petit à petit la vie qui est en nous : « La fille de

Lison vient de subir elle aussi, une grosse opération pour se faire enlever un morceau de foie et la vésicule biliaire (il y avait trace de cancer). Et il semblerait qu'elle ne remonte pas la pente : elle est retournée trop vite à la maison, les points se détachent et elle fait des infections. Je vais lui téléphoner tantôt pour en savoir un peu plus. C'est une saleté, ces maudits cancers! ».

Et puis, il y a ce tremblement de terre au Japon et toutes ces centrales nucléaires prêtes à exploser et à contaminer la terre entière… Dans quel monde vivons-nous, pourquoi vouloir dépasser ses limites, pourquoi s'acharner sur notre si belle planète ? Parfois, je m'interroge sur la folie de l'Homme et sur ses actes inconscients. Nous sommes en train de ravager la terre qui nous a vus naître. J'aurais aimé connaître le temps du troc et du partage. L'Homme ne considère plus que son espace personnel comme étant les valeurs principales de vie, ses temps de loisirs, son ascension dans sa vie professionnelle. L'Homme est devenu un loup pour l'Homme et la terre en subit toutes les conséquences dramatiques.

Vendredi 25 mars 2011, triste journée. Après un retour au sein de l'école où j'ai travaillé, j'apprends avec stupeur qu'une dame que j'avais engagée comme technicienne de surface est décédée dernièrement. Cela me marque car nous nous retrouvions souvent lors de séances de chimiothérapie, elle n'avait que 47 ans. Plus j'avance, plus je croise de gens et plus je m'aperçois qu'ils sont rares à surmonter un cancer. Je pense énormément à toi Marie-France, aux souffrances endurées, à ton courage et je m'en veux de ne pas avoir pu te saluer une dernière fois.

À toi Nico…

Les années passent et mes humanités se terminent. C'est aussi le temps des amours et l'histoire d'un flirt qui durera près de 5 ans.

Mais en amour je suis plutôt du genre jaloux, je dirais même d'une jalousie maladive, m'emportant parfois dans des crises odieuses dont je ne suis pas fier aujourd'hui.

Cette belle histoire cessera en même temps que mes études secondaires. Changement d'école, je me dirige vers un régendat en français et tombe sous le charme d'une fille ravissante, une grande blonde trop jolie, c'est ce que je pensais, pour entamer une histoire d'amour avec moi. Tout au contraire, je tente ma chance et à ma grande surprise elle est séduite par ma demande et nous allons entamer une belle aventure oh combien dévastatrice.

Avec le recul, je m'aperçois à quel point j'ai fait souffrir cette fille qui m'a aimé et qui a partagé 5 ans de sa vie à mes côtés. Je me dis aussi que je suis tombé dans le panneau de la beauté subjective, les atouts de la blonde pulpeuse au cœur de pierre.

Nous avons pourtant été très loin sur le chemin de l'amour, allant même jusqu'à célébrer nos fiançailles. Mais tout cela n'était que faste et fausseté.

Sa famille était tout le contraire de la mienne, snob, parvenue, ennuyante et ayant très peu de respect envers moi.

J'ai été dupé, trompé et humilié par cette fille et toute sa famille. Vous savez lorsque vous partagez un repas dominical chez elle, en région montoise, et que l'on vous sert en dernier lieu mais en s'apercevant qu'il n'y a plus un seul morceau de viande pour vous, vous avez la sensation d'être la serpillière, le mauvais garçon, celui dont on ne veut pas.

Mais évidemment, il y avait une sœur dont l'ami suivait des cours de kinésithérapie. C'était autre chose, et il était issu d'une famille bien, propre dans tous les sens du terme.

En fait, ma naïveté et la bonté de mes parents m'ont fait comprendre bien des années plus tard, qu'il ne s'agissait là que d'une question d'argent.

Dans mon étourderie du moment, j'allais demander à mes parents que l'on puisse héberger cette fille à la maison, cela pour éviter qu'elle ne loue un kot et aussi, avouons-le, pour qu'elle soit près de moi le plus souvent possible. Tout ceci en tout bien, tout honneur, chacun sa chambre, chez elle comme chez moi. Je me souviens avoir fait toutes les pièces de la maison familiale, il n'y a vraiment que dans la cave que je n'ai pas dormi.

Chez elle, la situation était pire encore, non seulement chacun avait sa chambre, mais j'y étais enfermé des week-ends entiers afin de me consacrer à mes études, l'enfer.

Ses parents avaient ainsi épargné une année de logement en kot et moi j'avais perdu mon amour de jeunesse et une année de ma vie. Evidemment, au bout de l'année scolaire, elle fut la seule à réussir. Quant à moi, j'échouais lamentablement et allais me diriger vers une autre orientation.

Ce qui devait arriver arriva et c'est dans la médiocrité qui était sienne que les fiançailles furent rompues. Elle profita de mon départ en vacances pour ramener cette bague qui ne signifiait plus rien à mon grand-père, seul à la maison.

Comme tout cela était petit, minable et quelle chance de n'avoir pas été au-delà de cette courte histoire.

Après ce fiasco et cette comédie grotesque suivent des années d'errance tant scolaire que sentimentale. Une année pour apprendre le métier d'instituteur et une autre pour devenir assistant social. Je ne m'attarderai guère sur ces deux nouvelles années ponctuées par des échecs mais je voudrais malgré tout revenir sur celle qui devait me permettre de poursuivre une carrière dans l'enseignement fondamental.

Je n'évoquerai donc pas ma troisième et dernière tentative pour devenir assistant social car celle-ci fut stoppée par une mononucléose au mois de février et marqua à tout jamais la fin de mes tentatives dans l'enseignement supérieur.

Non, mais je voudrais revenir à ce métier d'instit qui me collait à la peau. J'adorais les études et pour une fois je m'appliquais à réussir ce que j'avais loupé jadis.

Tout allait pour le mieux jusqu'à ce stage dit « d'observation »…

J'étais là pour apprendre, pour observer comment un professionnel exerçait son métier, j'étais là aussi pour apprendre à connaître les élèves à qui j'essaierais un jour de donner cours. Observer, c'est aussi prendre des notes, relever des comportements, situer les étudiants dans l'espace. J'avais donc tout au long de la semaine, soigneusement inscrit dans un cahier toutes mes observations, pensant alors que ce cahier m'était personnel et qu'il me servirait à compléter mon rapport de stage.

Lors de cette expérience, j'ai surpris un jour l'instituteur à punir un élève de manière barbare.

Faire porter à bout de bras pendant presque une heure, son cartable et son sac de gymnastique à une petite blonde âgée à peine de 10 ans, tout cela parce que celle-ci avait perturbé le cours en sifflant dans son stylo, je trouvais cela inhumain.

Evidemment, je suis étudiant en stage d'écoute, donc je me contente de noter dans mon précieux carnet ce comportement bizarre et totalement disproportionné.

Je suis convaincu que cette façon de procéder est anormale et je confine tous les détails par écrit.

Quelques jours plus tard, je me retrouve dans cette même classe mais à ce moment, c'est moi qui suis maître à bord. À moi de prouver que je suis fait pour ce métier. J'ai préparé méticuleusement toute une semaine de leçons et j'entre en scène pour mon premier récital en solo. Elle sera de courte durée, la représentation.

Le Maître, le vrai, a pris place à son bureau, il écoute à peine ce que je suis en train d'apprendre à ses élèves, préférant s'attarder à mon cahier de notes laissé grand ouvert sous ses yeux. J'en avais besoin de ce matériel. Il me permettait de situer les élèves dans la classe et de cette façon pouvoir les interpeller à ma guise.

Il lit donc toutes les atrocités que j'ai pu relever à son égard, je vois son visage changer, il devient à la fois blême et rouge de rage.

Il me laissera terminer ma première journée en tant que futur « instit », mais je n'irai pas au-delà de cette première. Il convoque la direction de l'école normale où je suis inscrit et de concert, ils prennent la décision de mettre un terme à mon stage pratique dès le lendemain, mais avec une possibilité de sauver la situation en me présentant le lendemain chez ce brave monsieur qui m'isolera dans un autre local afin que j'y rédige une dissertation ayant pour titre « Mea Culpa ».

Je me suis défendu comme j'ai pu en estimant qu'il n'avait pas le droit de fouiller dans mes affaires personnelles. À cela je me suis entendu répondre que c'était sa classe et qu'il y était le patron, ajoutant même que si mon portefeuille s'était trouvé sur son bureau, il aurait eu le droit de regarder ce qui s'y trouvait.

Avec des attitudes et des jugements pareils, je n'avais aucune chance.

C'est donc seul, face à ma feuille, que pendant trois longues heures, je vais rédiger une confession à laquelle je ne crois pas du tout. Les larmes ne me quittent pas tout au long de l'écriture, j'écris des mots qui me blessent, des phrases qui me punissent, j'avoue que tout est de ma faute alors que je n'en crois pas un traître mot.

Comme il doit se sentir mal, l'accusé qui est effectivement innocent et qui s'entend prononcer une peine d'emprisonnement ! J'étais un peu dans cette situation, mais c'était la seule manière de sauver mon année scolaire.

Une fois encore, j'étais dans l'erreur. Le règlement de l'école comportait un article qui parlait d'auto-exclusion, l'élève se renvoyait lui-même dès qu'il était admis qu'il avait commis une faute grave…

Faute grave il y avait, adieu donc ce beau métier d'instituteur auquel je tenais tant.

Si je tenais à aborder cette malheureuse expérience, c'est pour vous dire à quel point je me suis senti humilié en rédigeant ce texte où du début à la fin, je me donnais tous les torts, je m'accusais de tous les maux et étais responsable de mes erreurs.

Si j'avais su que cela ne me permettrait pas de sauver ma peau, jamais je n'aurais rédigé cette farce, jamais !

Trois années viennent de s'écouler et je n'ai toujours pas de diplôme, émanant d'une école supérieure, en main. Il est grand temps que je me bouge, il faut que je trouve un boulot, vite.

Septembre 1984, la chance est au rendez-vous. Un collège bien noté de la région de Charleroi, cherche pour son internat, un éducateur de nuit. La seule condition, c'est que celui-ci accepte d'être payé au noir. C'était encore la belle époque où les écoles avaient des caisses noires, des bas de laine et où les réviseurs d'entreprise n'avaient pas la mainmise sur les pouvoirs organisateurs.

C'est une aubaine, je suis jeune, je vais pouvoir gagner ma vie tout en profitant d'un métier agréable et diversifié. L'insouciance qui est mienne à ce moment-là, l'euphorie d'être enfin dans la vie active me poussent vers l'achat de ma première voiture.

Mais je vais très vite déchanter. Courant du mois de septembre, le ministère annonce que les internats pourront désormais bénéficier de cadres spéciaux temporaires. C'est la catastrophe, je ne suis pas dans les conditions pour en faire partie, je vais donc non seulement perdre mon emploi mais je vais en plus devoir trouver un moyen de payer mon nouveau joujou…

Fin septembre, la chance me donne à nouveau rendez-vous. Une dame qui travaillait de jour au secrétariat vient de remettre sa démission. Le directeur de l'externat a eu beaucoup d'échos positifs sur mes prestations, il me convoque et me propose l'emploi.

Je pense qu'il est inutile de vous dire que c'est sans hésitation aucune que j'ai signé ce contrat qui me sauvait d'une situation bien embarrassante.

Au fil du temps, j'alternerai souvent les jours et les nuits de boulot, les cadres spéciaux temporaires assurant les surveillances de nuit, étant plus souvent absents qu'à leur tour.

Mais encore une fois, j'accepte et cela me profite, financièrement parlant je vais chercher deux salaires et je ne m'en plains absolument pas.

L'équipe administrative qui m'entoure est remarquable, des gens simples, drôles, ouverts d'esprit et je vais très vite me faire des amis. Nous sommes tous performants mais en n'oubliant jamais cette part d'humour qui nous unit. Combien de blagues, de plans foireux n'avons-nous pas commis ? Un jour sans farce était un jour perdu.

Très vite, je vais avoir une amitié très forte et très sincère avec l'économe de l'école.

Il faut dire que nous avons un peu les mêmes caractères et que nous sommes deux véritables clowns qui enchaînons pitrerie sur pitrerie.

Entre-temps, je me suis fiancé avec celle qui allait devenir ma première épouse en mars 1985. Je resterai discret sur notre histoire, par respect et par amitié pour ce que nous avons partagé, les bons et les mauvais moments.

Je parviens néanmoins à la faire engager au sein de l'établissement. Elle a un diplôme de criminologue entre les mains et une place de licencié en sciences sociales vient de se libérer. Je vais donc faire pieds et mains pour que ma direction lui attribue ce poste. Après bien de palabres, elle est enfin admise et nous partageons ainsi les mêmes horaires et fréquentons le même milieu professionnel.

L'année scolaire se termine et se pose la question de mon réengagement. Je ne suis pas nommé, il faut donc que l'on statue sur mon avenir. Ce que la direction ne savait pas (elle ne me l'avait jamais demandé et cela m'arrangeait bien), c'est que j'allais devoir remplir mes obligations militaires : je serai donc absent durant toute l'année à venir. La pilule est amère à avaler mais comme seule sanction, je verrai ma nomination repoussée d'une année.

Le service militaire n'étant pas ma tasse de thé, ni l'envie de devenir objecteur de conscience d'ailleurs, je vais faire appel à un piston grandiose.

Je vais pouvoir m'offrir le luxe de ne faire qu'un seul mois d'instruction pour ensuite me retrouver dans le cabinet d'un ministre influant dans la région de Charleroi.

À moi la belle vie, pas de casque, pas de déguisement, pas de marche forcée ni de week-end de garde, je suis dans un ministère qui se situe en plus tout près de mon domicile.

J'y ferai surtout beaucoup de rangement et de travail administratif mais sans avoir une pression énorme sur les épaules. De plus, ce qui sera enrichissant, ce sont les rencontres occasionnelles avec le ministre en question et la découverte, à travers les dossiers traités, de toute la misère qui règne sur la région carolorégienne.

Un an donc passé loin des casernes avec en plus l'avantage de toucher une double solde attribuée de par le fait que je ne suis pas nourri par l'armée.

Mon année sabbatique se termine, l'heure est venue de retrouver mes collègues et de retourner à mes surveillances.

Mon boulot de « pion » ne me plaît guère mais je m'en accommode, d'autant plus qu'à côté de cette tâche désagréable, il y a tout le côté administratif que j'apprécie beaucoup.

Au fil du temps, l'amitié grandit entre l'économe, son épouse et notre couple. Nous partageons les mêmes idées, sortons souvent ensemble, nous invitant fréquemment les uns chez les autres. Nous décidons même un jour de partir en vacances ensemble. Je n'oublierai jamais tous ces moments de partage, de joie et de bonne humeur.

De plus, les deux guignols que nous étions n'en étaient jamais à une frasque près pour amuser la galerie mais en s'amusant également.

Tout allait pour le mieux dans le meilleur des mondes, mais un manque atroce se manifestait chez les deux couples, nous ne savions pas avoir d'enfant…

Bucuresti…

Décembre 1989, la révolte gronde en Roumanie, les premiers incidents ont lieu à Timişoara et ne tarderont pas à atteindre la capitale, Bucarest.

Comme dans la majorité des pays de l'Europe de l'Est, la population était mécontente de sa situation. La politique économique de Ceausescu (remboursement de la dette extérieure par l'exportation de la production agricole combiné à des projets de constructions surdimensionnées) avait mené à l'appauvrissement de la population. La pauvreté et la suppression de la liberté d'opinion par la police secrète (*Securitate*), ont constitué les principales raisons du mécontentement.

La révolution éclate donc afin de venir à bout de régime de terreur instauré par ce dictateur qu'était Nicolae Ceausescu. Vous vous souvenez certainement, toutes et tous, de ces images diffusées à de nombreuses reprises, sur le délabrement dans lequel se trouvait ce pays à cette époque. Plus les reportages se propagent et plus nous sommes marqués par ce que nous voyons. Non seulement le pays est d'une pauvreté incommensurable, mais la situation dans les orphelinats est désastreuse. Les enfants sont livrés à eux-mêmes, l'hygiène et les conditions de vie y sont abominables. On lave les nourrissons à l'eau froide en les passant simplement sous le robinet de l'évier, les enfants vivent un cauchemar, toutes les télévisions du monde nous montreront ce désastre.

Le projet mûrit donc dans nos deux couples, celui d'aller adopter nos enfants dans ce pays dont nous ne connaissons absolument rien.

J'insiste sur le fait que ce que nous allons tenter de réaliser, c'est avant tout et essentiellement pour satisfaire un manque cruel au sein de nos familles. Nullement question ici de bonté humanitaire ou d'acte héroïque, nous tentons le coup pour nous faire plaisir.

Les choses prennent forme et après avoir monté un dossier en filière libre, nous réservons nos billets d'avion pour le mois de septembre 1990.

Nous n'en savons pas beaucoup plus sur ce qui nous attend sur place, tout ce dont nous sommes sûrs, c'est qu'une juriste nous aidera à finaliser notre projet sur place et que l'adoption ne sera possible qu'avec l'assentiment de la maman de l'enfant.

Notre dossier est terminé et nous y précisons que nous souhaiter un garçon, bébé, le plus jeune possible. Nos amis optent pour un autre choix, ils souhaitent adopter deux enfants un peu plus âgés.

Zaventem, un samedi du mois de septembre. Un avion de la Tarom là face à nos yeux, attend que les passagers prennent place à son bord. Nous allons attendre plus de 6 heures avant qu'enfin nous ne montions dans un bus qui nous emmènera tout au bout de l'aéroport d'où l'on vient de sortir en hâte un autre avion, celui que nous devions emprunter étant victime d'une avarie. Dès les premiers pas dans ce premier espace roumain, c'est la consternation, l'inquiétude. Quelle est donc cette machine qui ressemble plus à un vieil autocar de brousse qu'à un aéroplane ? Les sièges en skaï, un rideau de douche pour séparer le cockpit des passagers et un repas dont les aliments étaient avariés. Le choc est terrible et l'attitude du pilote ne va pas nous rassurer. Une fois passé en pilotage automatique, celui-ci viendra siroter whisky sur whisky avec un ami sur le premier des sièges réservés aux passagers. Dans ces conditions, l'amorce d'atterrissage se fait trop tard, il ne marque pas les paliers nécessaires et c'est en larmes que nous descendons de l'avion.

Des soldats en arme sont disposés tout au long de la piste, l'atmosphère est lourde, pesante et l'entrée d'Otopeni fera croître en nous cette impression d'insécurité permanente. Dès cet instant, nous nous sentons suivis, épiés par de multiples regards, par une population qui vient de s'ouvrir à la liberté et pour qui les étrangers sont sans doute des proies faciles.

Une heureuse surprise nous attend malgré tout. Peu avant notre départ de Belgique, nous avions fait connaissance avec un couple d'enseignants roumains à qui nous avions exposé notre projet. Jamais, je ne me serais douté qu'ils seraient là pour nous accueillir. Ils allaient nous faciliter nos démarches et faire en sorte de nous aider pendant le peu de temps où nous résiderions dans leur pays. Mihaela et Gigi, deux êtres exceptionnels sans qui, jamais, nous ne serions devenus parents.

Ils ont préparé notre voyage, nous ont trouvé une voiture et un chauffeur et inutile de vous préciser qu'ils nous seront d'une aide essentielle dans toutes nos démarches administratives faisant tomber, de par leur présence, les barrières de la langue.

Nous quittons Otopeni pour nous rendre à notre hôtel dans la banlieue de Bucarest. Tout est gris, d'une tristesse infinie, nous avons tous les quatre la sensation d'entrer dans un pays qui a une cinquantaine d'années de retard sur notre civilisation. La révolution n'a rien arrangé, on trouve ça et là des traces des affrontements qui ont eu lieu dans la capitale. Quel triste spectacle, quelle misère !

L'hôtel est à l'image de la ville, sombre, cafardeux, les chambres ont été pillées par les clients précédents, plus de bouchon ni à l'évier ni à la baignoire, les lampes ont été dérobées et le carrelage a été enlevé. Nous sommes en demi-pension et craignons déjà le repas du soir. Heureusement, ce soir-là, nous pourrons profiter d'un repas simple mais nous aurons la chance d'avoir quelque chose dans nos assiettes, le tout arrosé de vin rouge.

La nuit se profile à l'horizon et nous rejoignons nos lugubres chambrées. Ce que je vois par la fenêtre est à peine croyable, des tramways circulent en bas de la rue tout en faisant crépiter des étincelles au contact des câbles électriques, mais au fur et à mesure que l'on avance dans la nuit, les étincelles se font de plus en plus rares, jusqu'à ce que tous les tramways se retrouvent à l'arrêt, faute d'électricité. Le pays se relève à peine de cette douloureuse révolution, les habitants sont livrés à eux-mêmes et découvrent le goût de la liberté, relative certes, mais ils profitent de ce nouveau mode de vie, se préoccupant très peu de la vie publique. On travaille si on en a envie, il n'y a plus de règles, il n'y a plus de sanctions. Un tremblement de terre viendra compléter le tableau de cette première et inoubliable nuit.

Nous avons rendez-vous le lendemain avec la juriste censée s'occuper de nos dossiers. Elle a effectivement reçu nos demandes mais nous donnera pour toute réponse, une liste d'adresses d'orphelinats disséminés dans le pays, à nous de nous débrouiller. Nous allons en voir des orphelinats et nous allons en faire de la route pour essayer en 3 petits jours d'adopter nos enfants tant désirés.

Mais revenons sur Bucarest que nous avons traversé ce matin. Une chose me frappe, tous les Roumains se promènent avec un cabas énorme en plastique et la plupart du temps, celui-ci est vide. Gigi m'expliquera qu'ils sont à la recherche de denrées alimentaires qui se font rares dans le pays. Les marchés sont vides ou presque, il n'y a que quelques agriculteurs qui viennent vendre leur maigre récolte. Les vitrines des magasins sont garnies de chips de crevettes importées du Vietnam, mais à part cela, rien d'autre. Mis à part ce palais gargantuesque de ce fêlé de dictateur, il n'y a rien, pas un restaurant, pas un café, juste une échoppe près de la gare où une dame vend un mélange de sirop de coca mélangé à l'eau de ville. C'est la désolation dans cette ville où nous errons pendant des heures et des heures afin d'y trouver de quoi nous rafraîchir. Nous sommes étrangers et à ce titre, vite identifiés et constamment pris à partie par des Roms afin d'obtenir une petite pièce. Ce pays mettra des années à se relever et je ne suis pas certain, qu'à l'heure actuelle, malgré leur entrée au sein de l'Europe, il se soit complètement rétabli.

Les visites d'orphelinat ont commencé, toutes aussi édifiantes les unes que les autres. L'opération village roumain est déjà en route, cette initiative prise par la Belgique afin de jumeler certains de nos villages avec des villages roumains. Le bourgmestre de notre commune a pris l'initiative de ce jumelage et s'est déjà rendu dans la commune qu'il parraine. C'est donc avec une lettre de recommandation de sa part que nous nous rendons dans l'orphelinat de la dite commune. Il lit bien ce mot de cet élu qu'il a rencontré il y a quelque temps, mais il n'y prête pas plus d'attention que cela. Il nous certifie même qu'il n'y a plus d'enfants dans son orphelinat. Là où nous sommes, nous les entendons brailler tous ces bambins qui selon lui ne sont plus là. Nous n'insisterons pas et nous allons très vite comprendre que nous faisons fausse route.

Nous sommes venus avec des choses qui nous paraissaient utiles pour les enfants, des médicaments, des jouets, des vêtements, tout pour venir en aide aux orphelins. Ce n'était pas la bonne manière de pratiquer. Dans toutes les maisons visitées, on nous refusera à chaque fois de voir les enfants, les deux seuls que j'aurai un jour dans les bras, ce seront des bébés atteints par le Sida.

Par contre, nous constatons que des adultes d'autres nationalités, n'ont aucune peine à quitter les institutions emmenant avec eux des enfants. Mais la pratique est différente, les cadeaux sont destinés au personnel et non pas aux petits. Frigo, congélateur, télévision, argent sans doute, tout est bon pour ces Américains, Australiens, Hollandais qui pratiquent là un marchandage que nous ne voulions pas envisager.

Rien ne fonctionne comme nous l'aurions souhaité et le sentiment de revenir en Belgique sans enfant se fait de plus en plus présent. La dernière journée sur place est là, le lendemain nous devrons quitter le pays et nous sommes désespérés. L'étincelle va pourtant venir et elle viendra de la part de nos hôtes roumains. Ils habitent une ville située à 120 kilomètres de Bucarest, Pitesti, et connaissent fort bien la directrice de l'orphelinat de leur cité. Nous prenons donc l'autoroute (la seule existant à cette époque) en route vers Pitesti. Le voyage sera l'un des plus périlleux de ma vie. Quand vous voyagez le soir sur une route qui n'est pas éclairée et que vous y rencontrez des charrues, tous feux éteints, tractées par des bœufs, cela étonne et vous donne froid dans le dos. Pire encore, quand cette autoroute s'arrête brusquement car un tas de sable et un arbre planté en son centre vous invitent à passer sur la bande des voitures venant dans l'autre sens, là vous pensez que votre dernière heure est venue, d'autant que les automobilistes que vous croisez n'ont aucune idée que des voitures viennent en contresens. Et quand vous reprenez enfin les bandes de circulation qui vous sont destinées, qu'un camion perd son chargement et que chacun se précipite (les voitures faisant même demi-tour) sur le butin précieux perdu par son chauffeur, là vous ne comprenez plus rien et vous priez pour que cela se termine au plus vite.

J'ai tout vu sur ce trajet, deux pompes à essence sur 120 kilomètres où les gens font la file sur plus de 5 kilomètres pour se ravitailler, une femme d'origine tzigane renversée alors qu'elle traversait, éméchée, les voies de circulation, femme que les policiers se sont empressés de balancer dans le fossé, une autoroute qui devient subitement très large, cela pour permettre à Ceausescu de se poser ou de décoller avec son avion personnel en cas de danger. Des miradors aux croisements des grandes routes, permettant à l'ancienne Securitate de contrôler les grands axes et par la même occasion de verbaliser et d'emprisonner les Roumains qui se seraient permis de transporter des étrangers. Des camions d'origine turque faisant de la contrebande le long des parkings avec les autochtones. C'était une expédition risquée qui se terminera d'ailleurs par un remorquage fortuit, les Dacia roumaines étant loin des performances de nos Dacia actuelles.

Cette épopée en valait la chandelle. Le soir même, nous nous retrouvons dans un orphelinat, le premier digne de ce nom. La directrice est charmante et s'exprime dans un français tout à fait correct. Elle nous rappelle que dans les enfants que nous allons enfin voir, tous ne sont pas adoptables. Seuls ceux dont la mère signera l'abandon le sont. La loi est sans doute cruelle, mais c'est comme ça et nous n'y pouvons rien. Ça grouille de monde dans cette maison, ça respire l'enfance, ça joue, ça rit et ça pleure et comme s'ils le sentaient, tous se précipitent sur nous dès notre arrivée, tous sauf un, Nicolas. Nos amis seront intrigués par son isolement et c'est sans doute pour cela que spontanément ils sont allés vers lui. Mon épouse et moi-même nous nous dirigeons vers une chambre où deux petits bouts sont dans leur petit lit. Dès que j'ouvre la porte, le moins âgé des enfants me fait un sourire dont je me souviendrai ma vie entière. Je le prends dans mes bras, me retourne vers la directrice en lui disant :

– C'est lui, c'est mon garçon !

Elle me reprend tout de suite en me disant que c'est une fille mais qu'elle est effectivement « adoptable ». Peu m'importe, cet enfant sera le mien, je le ressens dans mes tripes, je vibre lorsque je la tiens dans mes bras, je me sens devenir papa. Mon ex-épouse ne s'attardera pas dans la chambre, de peur de s'attacher trop vite et d'être déçue par la suite. J'y resterai un peu plus longtemps pour la tenir contre moi le plus longtemps possible et nos amis craqueront pour la petite fille qui se trouve dans la même chambre. C'est l'émotion totale. À quelques heures de reprendre l'avion, nous avons trouvé nos enfants, les larmes se mêlent à la joie, le bonheur est complet. Avant de quitter ce paradis, nous échangeons avec la directrice nos coordonnées en promettant, d'ici le jugement, de prendre régulièrement des nouvelles de nos enfants.

Les portes se referment derrière nous et nous repartons le cœur léger vers, pensions-nous l'appartement de nos amis. Au fil des kilomètres, nous constatons que la direction n'est pas la bonne, nous nous dirigeons vers une autre destination. Et là, tout au fond d'un bois, un chalet tout illuminé nous attend. À l'intérieur se pressent des gens pour nous y accueillir, la famille de Mihaela et Gigi. Ils ont dressé pour nous un buffet somptueux qui a dû leur coûter une fortune. C'est un repas d'adieu offert par des gens simples, qui ont déniché je ne sais où tous les mets qui nous attendent. Quelle magnifique soirée, quelle incroyable journée que celle-ci ! À toutes ces personnes que nous avons rencontrées, à tous ceux qui nous ont aidés, je leur confie ce plus beau mot de la langue roumaine « Mulțumesc », merci.

C'est dans la précipitation que le lendemain matin, aux petites heures, nous reprenons le départ vers l'aéroport de Bucarest. Il n'y a que 120 kilomètres à parcourir, mais cela nous prendra 3 heures, tellement les conditions de circulation sont dantesques. Nous voilà de retour chez nous et nous nous sommes promis de revenir, une fois la décision entérinée par le tribunal, pour enfin adopter nos chérubins. Tout était prévu, une voiture de location pour nous y rendre, le trajet pour y aller, les vêtements et médicaments à apporter, nous avions tout organisé.

C'est en prenant des nouvelles régulièrement auprès de nos amis sur place et de la directrice, que nous allons apprendre une nouvelle atroce. Un étranger, asiatique, est venu lui aussi visiter l'orphelinat. Il a repéré notre fille et a décidé coûte que coûte d'en faire son enfant. Il ira très loin dans ses démarches, menaçant de mort le personnel, nos amis et la direction s'il n'avait pas gain de cause. Il fera de la surenchère alors que nous n'avions jamais parlé d'argent. Il est sur place et nous sommes bien impuissants par rapport à tout ce qu'il peut manigancer. Un jour, le téléphone résonne à la maison. C'était pour nous prévenir que le jugement serait rendu très prochainement et qu'il obtiendrait sans doute satisfaction.

Nous sommes complètement abattus, sans la moindre envie de nous rendre sur place pour tenter notre dernière chance. Mais notre entourage, parents, famille, amis, nous boostent. Ils souhaitent que nous fassions le voyage et nous poussent à grands coups de pieds à monter au plus vite dans un avion vers la Roumanie.

Je parviendrai à obtenir deux places au début du congé de Toussaint, mais preuve que je n'y crois plus, je ne prendrai que deux places également pour le retour.

Nous voilà repartis, les avions n'ont pas changé, notre peur est grande et nos amis ne sont plus là pour nous épauler. Adieu les projets de partir ensemble vers notre pays d'adoption ! Il faudra désormais de nouveau compter sur l'aide de Mihaela et de Gigi. Ils sont d'ailleurs là à la sortie de l'aéroport et nous annoncent une nouvelle stupéfiante. Notre juriste sur place a enfin décidé de se bouger, elle a menacé de traîner devant les tribunaux, pour menace de mort, celui qui avait tout fait pour que nous revenions sans elle. Il a abandonné sa requête et s'est fait tout petit. Jamais plus nous n'entendrons parler de lui.

Le lendemain, les choses vont aller très vite. Une convocation au tribunal, la lecture du procès et la signature du frère de la maman. Celle-ci étant placée en clinique et ne pouvant répondre de ses actes, c'est donc par procuration que son frère reconnaît l'abandon de l'enfant. Deux heures plus tard, notre fille est avec nous, elle est là dans nos bras, regardant par la fenêtre de la voiture tous ces paysages qui ne se sont jamais offerts à ses yeux ébahis. Nous sommes maman et papa, c'est l'accouchement le plus doux au monde, partagé par les parents que nous sommes devenus. C'est aussi, en vérité, le plus beau jour de ma vie, la naissance dans mon cœur de mon bébé d'amour.

Je profiterai rarement tout au long de la semaine de sa présence. Je dois me lever très tôt le matin pour filer sur Bucarest et y accomplir toutes les démarches nécessaires pour qu'elle puisse quitter le pays. Je ferai la route presque tous les jours, tantôt pour obtenir un visa, tantôt pour essayer d'avoir un siège supplémentaire pour le retour. Mais les choses ne sont pas simples, la vie administrative fonctionne elle aussi au ralenti et il faut souvent l'intervention autoritaire de mon ami Gigi pour pouvoir accélérer les choses. Je suis vidé physiquement et psychologiquement, je pleure devant cette dame qui me confie que je n'aurai les papiers que dans 10 jours ou devant ce photographe qui me demande trois semaines pour développer une photo. Les tractations sont lourdes, pesantes et je vais devoir penser sérieusement aux bakchichs. Rassurez-vous, il ne s'agira jamais de sommes folles, une farde de cigarettes par-ci, une bouteille de whisky par-là, mais jamais d'argent. Je n'aurais d'ailleurs à aucun moment supporter « d'acheter » un enfant. Mis à part nos billets d'avion et la perte de salaire due à notre départ, nous n'avons rien engagé comme finance.

La semaine se termine, tout est en ordre, les papiers sont complets, le visa est valable et nos trois places sont réservées pour le retour. Une dernière péripétie toutefois au passage de la douane roumaine, la fouille du sac de mon ex-épouse et sans se gêner cet homme qui prend délibérément un paquet de cigarettes et un briquet, sans dire un mot, mais nous faisant comprendre d'un regard autoritaire qu'il vaut mieux ne rien dire si nous souhaitons quitter le pays avec notre trésor.

Bruxelles, notre avion atterrit enfin et là derrière les portes nous attendent tous ceux qui nous avaient poussés à entreprendre cette démarche désespérée.

Les grands-parents qui n'avaient en tête que la description que nous avions faite de notre fille, sont les papys et les mamies les plus heureux du monde. Les sourires sont sur toutes les lèvres. Qu'il fait bon rentrer chez nous où sans rien dire tout ce petit monde s'est afféré pour préparer la chambre de notre gamine !

Ce n'est que quelques mois plus tard que nos amis reviendront avec leurs deux enfants, en voiture comme c'était prévu au départ, après avoir connu nombre de péripéties aux aussi, sur la route et sur place. Nous habitons le même village, les enfants fréquentent la même école, je suis devenu parrain de Marie et mon copain de toujours, parrain de ma fille.

Inutile de vous dire que ces trois-là s'entendront toujours à merveille et qu'ils seront comme frère et sœurs, unis à tout jamais.

Voilà 20 ans et des poussières que je t'ai portée dans mon cœur et dans mes tripes et même si nous ne sommes plus aussi proches qu'auparavant, je tiens à te dire que durant cette vingtaine d'années, tu as tout fait pour ne jamais nous décevoir, tu nous as surpris tous les jours et pour tout cela mon ange « te iubesc ».

Enfin, je me dois de terminer ce chapitre sur une note beaucoup plus triste. Nicolas, ce petit bout qui se cachait tout au bout de la pièce quand nous sommes arrivés dans la maison de notre bonheur, Nico nous a quittés dernièrement laissant derrière lui un gouffre béant et un vide indéfinissable. Depuis son arrivée, il souffrait d'un problème d'hépatite et a été soigné et suivi pour tenter de résoudre ses problèmes de santé. Il était généreux, serviable, adorait (comme son papa) faire des blagues et amuser les gens autour de lui.

C'était un homme courageux qui aimait la nature et la vie. Ces derniers temps, sa santé s'est soudainement dégradée, il souffrait d'une leucémie de forme peu courante et avait absolument besoin d'une greffe de moelle osseuse. Alors que l'on avait fini par trouver un donneur, l'état de Nico n'a cessé de péricliter, jusqu'à ce qu'il s'éteigne en luttant jusqu'au bout.

C'est une perte atroce pour ses parents et sa sœur, pour nous tous aussi, sa famille, ma fille, ses amis. Et dire que peu avant de partir, alors que tu étais dans un état bien pire que le mien, tu venais me rendre visite à la maison pour prendre de mes nouvelles.

Je n'ai de plus bel hommage à te rendre qu'en recopiant ci-après tout ce que tes connaissances ont pu écrire après ton départ.

« La mort lance son voile sur ton magnifique sourire, comme un timide aveu qui ne nous quitte pas, qui vivra dans nos cœurs jusqu'à la fin des temps. Tu t'es battu jusqu'au bout, tu as tout donné mais elle t'a emporté. Sache que peu importe où tu te trouves maintenant, tu seras toujours présent. Une part de toi se trouve dans chaque personne, chaque chose que tu as pu croiser et qui a eu la chance de te connaître sur le chemin de la vie. La mort lance son voile sur ton magnifique sourire, comme un timide aveu qui ne nous quitte pas, qui vivra dans nos cœurs jusqu'à la fin des temps. Tu t'es battu jusqu'au bout, tu as tout donné mais elle t'a emporté. Sache que peu importe où tu te trouves maintenant, tu seras toujours présent. Une part de toi se trouve dans chaque personne, chaque chose que tu as pu croiser et qui a eu la chance de te connaître sur le chemin de la vie. Notre rôle est maintenant de ne pas t'oublier et nous ne le ferons jamais. Tu n'es peut-être plus avec nous physiquement mais tous les souvenirs restent. On t'aimera toujours Nico : toujours là pour les autres, toujours souriant, prenant la vie du bon côté. Je me souviens de toi à l'école primaire et de toutes les bêtises dans la cour de récré. Il restera de toi ce que tu as donné. Il restera de toi ce que tu as offert. Dans ton œil qui se ferme dansera une étoile, tissant de ses lueurs la mémoire d'un Feu qui ne périra pas. La mort lance son voile sur ton magnifique sourire, comme un timide aveu, qui ne nous quitte pas, qui vivra dans nos cœurs jusqu'à la fin des temps. Tu t'es battu jusqu'au bout tu as tout donné mais elle t'a emporté. Sache que peu importe où tu te trouves maintenant tu seras toujours présent. Une part de toi se trouve dans chaque personne, chaque chose que tu as pu croiser et qui a eu la chance de te connaître sur le chemin de la vie. Notre rôle est maintenant de ne pas t'oublier et nous ne le ferons jamais. Tu n'es peut-être plus avec nous physiquement mais tous les souvenirs restent. On t'aimera toujours Nico » (Cindy Gillain).

« Nico, on se souviendra toujours de toi, fort et avec beaucoup de cœur et de courage pour lutter contre cette saleté de maladie. Malgré tant de souffrance que tu as dû endurer si jeune, tu pensais encore aux autres.

Nous espérons que là-haut tu es heureux à présent près de ta mamy.

Nous ne t'oublierons jamais maman et moi. » (Kelly Van Nuffel).

« Je tiens tout d'abord à remettre mes condoléances à Monsieur et Madame Pirson ainsi qu'à toute sa famille.

J'ai connu Nicolas à l'horticole à Gembloux, il était sympa, serviable, toujours avec un sourire, aimait les rigolades. Mais Nicolas était une personne unique, qui même avec sa maladie, avait du mordant dans la vie, et ne laissait paraître aucun signe de faiblesse… Toujours prêt pour les autres… Et pour cela, je suis admiratif de sa ténacité à la vie…

Malheureusement, tu nous as quittés trop tôt… Mais Nico, tu resteras toujours un bon ami, même si tu n'es plus physiquement présent, tu resteras toujours dans nos bons souvenirs et dans nos cœurs…

Au revoir Nico… » (Adrien Coppée).

« Je me sens si fragile sans toi, bien seule, si vide.

Mes pensées te sont dédiées.

Je sais qu'il ne s'agit que d'une question de temps.

Cependant, en attendant, les heures défilent et j'ai l'impression de me noyer dans ce sablier.

Lorsque la déprime me persécute, la sensation que mon âme se détache de mon corps, grandit.

Par le biais de cette distance, j'ai assimilé le fait que tu faisais partie de ma vie.

Je ne peux dissimuler ce fait, je me meurs sans toi, je deviens une autre. » (Charlène Mathy).

« Le temps a beau passer, il ne nous fait toujours pas réaliser, il ne nous fait pas accepter !

Mais de là où tu es, tu es bien et c'est ce qui compte ! » (x)

« Nico, je me souviens de toi, petit bonhomme lors de notre première rencontre, là où nous étions partis vous aimer, seul dans ton coin, déjà fort comme un homme.

Tant d'amour partagé, tant de souffrance aussi en si peu de temps. Mais malgré tout, le petit bonhomme s'est forgé un sacré caractère et au fil du temps et des épreuves, tu es… devenu un grand bonhomme, un grand monsieur. J'ai beaucoup de peine aujourd'hui car nous perdons un ami, un cousin, un grand frère. Je pense à ta famille et à ta sœur, nous serons toujours là pour eux, pour partager ce qu'ils souhaiteront nous faire partager.

Salut Nico, salut l'artiste et emporte avec toi tout notre respect, je suis fier d'avoir un jour croisé ta route » (Michel Henry).

La maladie.

Depuis un certain temps, je me sens mal dans ma peau. Cet état me fait d'ailleurs connaître le milieu psychiatrique où j'y ferai un court séjour d'une dizaine de jours. Je suis devenu dangereux pour mes proches et pour moi-même. C'est l'époque où pour un rien, je pique des colères monumentales, ne me contrôle plus du tout et suis prêt à tout pour que l'on entende mes appels à l'aide. Je consulte régulièrement, mais les choses ne s'arrangent pas vraiment, je suis mal dans mon corps, je suis mal dans ma vie.

1996, mon père nous quitte brutalement à l'âge de 60 ans. Semaine maudite que celle de son décès. Alors que l'on me téléphone au boulot pour m'apprendre la mort de mon grand-père paternel, je me rends à son chevet et constate que mon papa n'est pas bien du tout dans sa peau. Est-ce l'émotion qui l'envahit ou bien s'agit-il de toute autre chose ?

Je le convaincs de le reconduire à son domicile et tout va s'enchaîner à une vitesse folle.

Dès son retour, il se met à faire la vaisselle, tâche qu'il n'accomplissait jamais. Puis, après un court passage aux toilettes, il me demande d'appeler sans attendre son médecin traitant.

Le diagnostic n'est pas très précis, mais une chose est certaine, je dois le conduire au plus vite à la clinique la plus proche.

J'évite de prévenir maman en attendant de savoir réellement ce qui est en train de se produire. La ponction de moelle osseuse laisse apparaître des traces de leucémie. Le verdict est sans appel, il me faut contacter mes proches.

La leucémie est en fait fulgurante et galopante, elle va l'entraîner vers l'au-delà en une dizaine de jours. Le jour où le médecin l'a autorisé à fumer un dernier cigare dans les toilettes de sa chambre stérile, j'avais tout compris, j'allais perdre en un rien de temps et mon papa et mon grand-père. J'étais âgé de 37 ans et de nouveau pas prêt à vivre ce genre d'événements.

Ce départ m'a fragilisé car mon père était devenu au fil du temps, un ami, un confident, un homme que j'estimais énormément. Contrairement d'ailleurs à ma sœur, qui tout au long de sa vie, a toujours marqué son désaccord avec ses idées et sa façon de faire.

Nous, ma sœur et moi-même, nous nous déchirerons souvent tout au long de nos existences, allant même jusqu'à nous ignorer pendant un certain nombre d'années.

Nous avons fait la paix depuis lors et je suis bienheureux de l'avoir à mes côtés pour traverser les moments délicats que je traverse actuellement.

De 1996 jusqu'en 2005, je vais vaciller et me mettre constamment en danger. Ce sont des années de folie, de colère, de duperie, de tromperie. J'ai perdu mon point de repère qu'était à mes yeux mon père. La tristesse m'envahit et je me mets à faire du grand n'importe quoi.

Je ne suis plus heureux au sein de mon couple et c'est essentiellement de ma faute.

Avec le recul, aujourd'hui je n'ai aucune peine à vous confier que j'ai honte de moi, honte de tout ce que j'ai pu faire endurer à mes proches durant cette période, honte des mensonges inventés de toutes pièces, honte de toute cette comédie dont j'étais devenu l'acteur principal.

Pitoyable, j'ai été pitoyable et ce qui devait arriver se produisit en 2005, un divorce après près de vingt années de mariage. Je savais pertinemment bien que c'était la seule issue, mais je m'en voulais réellement de laisser tomber une seconde fois ma fille. Elle qui, bébé, avait déjà été rejetée, je lui faisais subir quinze années plus tard le même sort.

Malgré tout, le divorce se passe bien, laissant évidemment, de part et d'autre, des cicatrices profondes et douloureuses, mais c'est à l'amiable que cette séparation se déroule et dans de bonnes conditions.

J'ai fait beaucoup de mal autour de moi, les gens qui nous connaissent sont abasourdis par cette nouvelle et puis il y a ma maman qui n'accepte pas du tout ma décision et que je vais faire souffrir jusqu'à ce qu'elle en soit malade.

Lâche comme je le suis à cette époque, je n'ai pas voulu prendre le risque de partir seul. J'ai entraîné dans ma fuite une femme que j'aime depuis toujours mais à qui je n'avais jamais confié mes sentiments tant à l'époque la différence d'âge me paraissait importante. J'avais seize ans, elle en avait vingt. À cette époque, les différences étaient plus marquées qu'à l'heure actuelle. Et puis, plus grave encore, elle était l'épouse de mon meilleur ami. Là encore, le sentiment de culpabilité allait croître en moi, je m'enfuyais en emportant l'épouse de mon pote, entraînant dans notre amour, l'abandon de ses deux enfants, certes âgés, mais complètement interrogatifs vis-à-vis de ce départ. Si son fils a accepté de renouer le dialogue avec elle, sa fille, par contre, est toujours silencieuse et je m'en veux d'avoir à mes côtés une maman orpheline de l'amour de sa fille.

Nous décidons d'unir nos destinées durant l'année 2005, nous nous aimons et sommes prêts à finir nos jours l'un auprès de l'autre. Les débuts vont être difficiles, nous avons laissé presque tout à nos conjoints et c'est un peu comme si nous repartions de zéro. Et puis, de nouveau, je ne me sens pas bien, quelque chose d'anormal s'est installé en moi. Chaque fois que je me suis retrouvé dans cette situation, cela s'est traduit par des cris et des plaintes incompréhensibles pour tout mon entourage.

2006 : l'état de maman s'est dégradé très vite, elle doit être hospitalisée et ne quittera plus sa chambre jusqu'à son dernier souffle. Durant tout son séjour en milieu hospitalier, j'ai senti à quel point elle souffrait, à quel point la mort lui faisait peur.

Elle s'est éteinte dans des circonstances troubles où nous aurions pu, ma sœur et moi, demandé à ce qu'une autopsie soit pratiquée, mais il fallait pour cela ouvrir la boîte crânienne et nous avons refusé de peur qu'elle ne souffre davantage.

Novembre 2007, l'ambiance est détestable au boulot. Il faut savoir, pour la petite histoire, que j'exerce les fonctions d'économe au sein d'un Institut. (Comme mon père aurait été fier de cette promotion !) L'école possède deux numéros de matricule, ce qui permet donc de doubler les postes administratifs.

Deux directions, deux secrétaires de direction et deux économes. Je partage donc mon job avec une dame avec laquelle je n'ai aucune affinité.

Depuis pas mal de temps, le climat se détériore, les tensions sont fréquentes et je suis souvent mis au pilori sous prétexte que mon travail est souvent bâclé, que des erreurs sont fréquentes dans mes activités.

Nous en sommes arrivés à partager le même bureau sans nous adresser la parole. Chaque journée qui passe est de plus en plus pénible à supporter et je vais finir par craquer. Je ne supporte plus cet univers glauque quotidien, je ne peux accepter les accusations de vol, d'oisiveté et d'amateurisme.

À cette époque, j'ai été jusqu'à écrire une lettre à l'organisme chargé du harcèlement moral et sexuel au sein de l'établissement. Je n'ai fait qu'exposer les faits sans aller jusqu'à déposer une plainte officielle. J'étais tellement excédé par cet état de fait qu'il fallait que je puisse me confier à quelqu'un. En gros, ma missive reprend tout ce qui est exposé ci-dessus mais j'y ajoutais des détails qui pour moi avaient leur importance. Des discussions interminables avec une collègue, tournant principalement autour des chevaux ou du sexe, une radio que je devais subir toutes les journées, la configuration du bureau qu'elle changeait à sa guise, se moquant éperdument de savoir si cela me conviendrait ou pas…

Ajoutez à cela, un directeur tout à fait compatissant, sous l'emprise de son employée et craignant à tout moment les réactions de celle-ci. C'était un homme qui craignait les femmes à poigne, il m'a démoli, détruit, humilié, allant même jusqu'à me confier un jour :

– Plus je te connais et plus j'apprécie mes légumes.

Ma décision est prise, je dois consulter et me retirer du circuit pendant un certain temps. Mon médecin m'accordera une dizaine de jours de repos en invoquant une petite dépression.

Cela devrait me faire du bien, couper avec le monde professionnel durant une dizaine de jours, cela ne pourrait qu'améliorer mon état.

Très vite, je vais m'apercevoir que cela ne sera pas le cas, il est beaucoup trop tard, le mal est fait, la machine est cassée et tous ces tracas accumulés vont avoir le dessus sur ma santé. Depuis pas mal de temps déjà, je ressentais un mal-être, j'étais irritable, colérique, les nerfs à fleur de peau. En fait, je le sais aujourd'hui, tous ces signes étaient des appels désespérés pour que l'on me vienne en aide.

La maladie était là et avec du recul, j'affirme que 60 % des causes de celle-ci provenaient des conditions de travail dans lesquelles je baignais.

Un soir, pendant mon congé de maladie, des douleurs intestinales insupportables me tiraillent, c'est un mal que je n'ai encore jamais connu jusqu'ici. Je me rends donc chez mon médecin de famille qui craint une occlusion intestinale. Il m'injecte une piqûre de Primpéran, me conseille de me coucher dès que je rentre et d'appliquer une bouillotte d'eau chaude sur la douleur tout en me priant de me rendre directement en clinique si les douleurs persistaient.

De retour à la maison, j'applique ses conseils mais rien n'y fait et je n'en fais qu'à ma tête refusant obstinément de me rendre en clinique.

Les hôpitaux me font peur… Malgré mon 1,83 mètre et mes 110 kilos, je suis un gars chétif, peureux, j'ai horreur du sang et je ne veux surtout pas être seul. Il me faut toujours quelqu'un à mes côtés.

Le lendemain, je dois bien m'y résoudre, il faut que j'aille passer une échographie et un scanner. C'est à ce moment précis que toute ma vie bascule. Je m'attendais à un verdict très léger et voilà qu'on m'annonce que je vais devoir être hospitalisé.

Tout se noircit tout à coup et le monde s'écroule autour de moi. Pourquoi cette hospitalisation, quels examens vais-je devoir subir, quelle est la maladie qui me contraint à cette véritable punition ?

Dès le début, je dicte mes désirs, pas d'examens qui me feraient souffrir, pas d'acharnement, une chambre particulière afin que mon épouse passe ses nuits près de moi. Des jours durant, les médecins chercheront à savoir, avec, je l'avoue des moyens bien limités puisque je leur interdis certains examens. Au bout d'une dizaine de jours sous antibiotiques, une bonne nouvelle vient enfin me rassurer. Il s'agirait d'un germe venu se loger dans les intestins. Je suis soulagé malgré le fait que je sois placé en quarantaine, il n'y aura pas de colonoscopie de peur de diffuser le germe autre part dans mon organisme. On continue donc les perfusions d'antibiotiques et de retour à la maison, ce sera le même programme durant des jours et des jours.

Début février, je ne constate toujours pas d'amélioration notoire et je décide de changer de crémerie. Me voilà donc à Namur en face d'une brave dame qui, d'emblée, préconise une colonoscopie. Je n'ai plus le choix, je dois accepter cet examen, rassuré malgré tout car je sais que je serai sous anesthésie générale.

Le lendemain, les résultats tombent, ils sont mauvais, je souffre bien d'une occlusion intestinale et l'opération est inéluctable. Placé trois jours au régime sec et d'une humeur infecte, je me mets même à exercer un chantage pas possible pour que mon épouse reste auprès de moi. Toutes les chambres particulières sont occupées, il est donc impossible qu'elle puisse rester à mes côtés, mais ça, je ne veux ni l'entendre, ni le comprendre.

C'est à partir de ce moment que ma femme et ma fille vont me booster, me donner des grands coups de pied dans le derrière afin de me faire comprendre que je suis un homme et plus un gamin. Je dois dire que l'électrochoc fut efficace et que ma manière de faire et de penser a changé du tout au tout du jour au lendemain.

L'opération était là, il fallait que je l'affronte avec toutes mes forces et physiques et morales, il était grand temps de grandir et de faire face.

Les jours d'hospitalisation qui suivirent l'ablation du colon droit et du colon transversal furent assez pénibles et douloureux, mais l'essentiel à mes yeux résidait dans le fait que c'était fait, j'en étais quitte une fois pour toute.

Malheureusement j'étais bien loin de réaliser ce qui allait se produire par la suite.

Lors d'une visite de routine chez le chirurgien, celui-ci m'invite, après l'auscultation, à me rendre au 4ème étage chez son collègue oncologue. À ce moment-là, je ne sais même pas de quoi il me parle. L'oncologie ne fait pas partie de mon vocabulaire, ce mot me dit quelque chose, me donne même des frissons dans le dos, mais je ne sais pas définir exactement le domaine médical concerné.

J'en voudrai longtemps à ce chirurgien de n'avoir pas pris le temps de m'expliquer le pourquoi de cette consultation en oncologie. Loin de vouloir lancer une polémique, je dirais avec certitude que les chirurgiens sont de très bons mécaniciens du corps, d'excellents techniciens, mais de très mauvais psychologues, mais encore une fois je n'en fais pas une règle générale.

Nous montons donc à cet étage que j'allais côtoyer pendant si longtemps, pour un long entretien avec un monsieur très gentil, très clair et précis. Il prend le temps de nous expliquer ce qui se passe, il est à l'écoute de nos questions, mais la sentence est là : je suis atteint d'un cancer du colon. Sur les vingt-trois nodules prélevés, trois sont cancéreux, il faut donc entamer des séances de chimiothérapie durant six mois.

Dès cet instant, un silence lourd et accablant s'installe, nous sommes « la tête dans le seau », complètement livides et notre retour à la maison se passera sans que l'on ne se dise un seul mot. Perdus dans nos pensées, nous posant intérieurement des milliers de questions, nous vagabondons au rythme des questions les plus noires.

Ce n'est qu'une fois rentré au domicile que les nerfs lâchent, les pleurs, les craintes, les mots et questions se partagent et une émotion terrible nous envahit l'esprit.

J'ai peine à réaliser que cette foutue maladie est en moi, j'ai beaucoup de difficultés à réaliser ce qui vient de se produire et les questions sur la chimiothérapie sont floues et nombreuses. En quoi cela consiste, quels effets secondaires vais-je subir, comment serais-je six mois plus tard, vais-je souffrir ? Des interrogations auxquelles je ne peux répondre tant que je n'aurai pas expérimenté cette technique réparatrice.

Il ne faut pas attendre très longtemps avant de pouvoir avoir réponse à tous ces questionnements. Dès la semaine suivante, la cure se met en route et comme je fais partie d'un protocole, les journées passées en clinique de jour sont longues et nombreuses.

Une semaine sur deux, je passe deux journées à attendre patiemment que les poches remplies de produits toxiques se vident. Mes yeux sont rivés sur le goutte-à-goutte en espérant en avoir fini au plus vite. La seconde semaine se résume en une seule journée et s'étale sur deux heures, c'est donc plus léger et plus supportable. Mais il faut ajouter à tout cela le port d'une casette pendant quarante-huit heures, qui elle aussi diffusera ce qui est censé me guérir.

Au fil du temps, je vais me mettre à changer de comportement. Plutôt que de subir ce traitement, je vais faire en sorte de le vivre dans les meilleures conditions possibles.

Je me dis tout d'abord que c'est pour moi l'occasion de rencontrer des gens, cela faisait trop longtemps que j'étais isolé entre mes quatre murs. Je vais prendre mon ordinateur pour pouvoir m'occuper la tête et l'esprit pendant les cures et ainsi ne plus fixer les « Baxter » pendant des journées entières. Et puis, il y a surtout une équipe médicale fabuleuse, extraordinaire, qui fait de son mieux pour encourager les patients, les faire rire, les divertir.

Que de souvenirs, que de partage avec toutes ces infirmières ! Allier professionnalisme et humour, c'est tout bonnement inouï.

Il y a aussi des amitiés qui se créent au fil des discussions entre malades. Chacun partage ses expériences, alliant bonnes et mauvaises nouvelles. Evidemment, les sujets de discussion se ressemblent souvent, mais comme ça libère de pouvoir en parler.

Serge, chambre six, une chambre que nous partagions très souvent car nous aimions nous retrouver ensemble. Il était bien plus mal en point que moi mais je pouvais toujours compter sur lui pour me remonter le moral. Un homme simple au grand cœur avec qui nous échangions mails et coups de téléphone. Nous avons même profité d'un week-end pour pouvoir nous retrouver autre part que dans une chambre de clinique.

Comme vous l'aurez compris, Serge s'est éteint il y a peu et il est en grande partie la cause de mon changement d'hôpital. Au fil des semaines, je sentais pertinemment bien que son état déclinait, qu'il souffrait de plus en plus et, lâchement peut-être, je ne voulais pas vivre de près une nouvelle séparation, j'avais peur de le perdre. Où qu'il soit aujourd'hui, je sais qu'il me protège comme il l'a toujours fait et lui fera toujours partie de mes amitiés rares.

Il y aura, tout au long de mon séjour à Namur, des traces indélébiles de patients formidables comme cette institutrice professant près de chez moi, pour qui j'ai beaucoup de respect et d'admiration tellement son combat est long et malgré cela, elle lutte avec force et sourire.

Evidemment, tout n'est pas rose. Les discussions sont parfois cruelles, elles tournent autour de récidives, d'effets secondaires mal supportés, elles parlent aussi, inévitablement de la mort qui est à notre porte. Mais j'ai pris le parti de très vite gommer de ma mémoire ce genre de discussion. Ne dit-on pas communément que le moral est pour 50 % le déclencheur de la guérison ?

Question effets secondaires, je n'ai pas trop à me plaindre. Evidemment, la fatigue est intense et parfois surviennent quelques nausées, mais tout ceci est supportable et je m'en accommode. On est loin de tous ces poncifs qui tantôt engendrent des pertes de cheveux, des vomissements ou que sais-je encore. La médecine a fait d'énormes progrès et continue à progresser jour après jour. Disons que la chose la plus désagréable provoquée chez moi, c'est la perte de la sensibilité au niveau des terminaisons nerveuses, doigts de pied et doigts de la main complètement engourdis. Le froid est devenu mon ennemi, je ne peux plus aller dans le frigo, exposer mes mains à l'air. Il faut sans cesse que je me protège contre les éléments qui me refroidissent. Mais ce n'est pas une catastrophe, il me suffira de me couvrir convenablement pour éviter cet effet désagréable.

Six mois se sont écoulés, les examens se succèdent bien évidemment pour pouvoir évaluer l'état de la maladie. Scanners, Pet-Scan font partie de mon quotidien et je suis maintenant plus souvent en clinique qu'à la maison. Mais les nouvelles sont bonnes, les nodules ont disparu et la guérison semble totale, je vais pouvoir reprendre des forces et réintégrer mes quatre murs. Ça y est, c'est terminé, je suis sorti vainqueur, je me sens libéré, le cœur léger, j'ai vaincu cette saloperie et la vie va pouvoir reprendre petit à petit.

Je prends le temps de récupérer tellement la fatigue est intense, je dors énormément et mes activités se réduisent au strict minimum.

Le repos sera de courte durée. Décembre 2008, viennent compliquer ma situation déjà peu enviable, trois infarctus successifs, entre le mois de décembre et le mois de janvier. Ils nécessiteront la pose de trois stents sans pour autant envisager des pontages. Nouvelle expérience, nouveaux examens, nouvelle épreuve.

Mais c'est vrai que j'ai grandi et je parviens à me raisonner même si l'on me passe, à vif, des tuyaux dans l'artère, je contiens craintes et peurs.

Depuis cette époque, une récidive cancéreuse est venue s'installer dans le poumon droit. J'ai déjà subi seize cures de chimiothérapie (trente-deux semaines) de façon à éliminer ces « bouffeurs » de vie. Plus le temps passe et plus les effets secondaires sont désagréables et difficiles à assumer. Je vais d'examen en examen pour voir comment la maladie progresse et j'attends dans les prochains jours une opération fort lourde, une lobectomie des lobes inférieur et moyen du poumon droit.

Mes jours sont comptés, je le sais désormais depuis quelques mois : le pronostic de vie est fixé à 5 ans. Mais je continue malgré tout à y croire, je sais que la médecine fera de nouvelles découvertes pendant ce laps de temps, je sais que je suis maintenant capable de puiser des ressources tout au plus profond de mon être.

Et puis, il y a mes proches, les amis, les vrais, qui m'encouragent à me battre et à continuer le combat.

Alors, si jamais un jour, la maladie frappe à votre porte, si la mort vous fait un signe de la main, pensez à toutes ces personnes dont je viens de vous parler, refusez la fatalité, luttez, vivez et continuez à profiter de la vie.

J'ignore complètement si ce livre, cette nouvelle, sera édité un jour, mais le seul fait de l'écrire a été un très bon exutoire pour moi. Coucher sur papier tout ce que l'on a sur le cœur permet de libérer l'esprit et de se pencher sur sa vie.

Enfin, pour conclure, je voudrais vous dire à quel point j'ai l'impression d'être pour le moment dans un lieu que j'appellerais le purgatoire. Cet endroit abstrait où l'on demeure quelques instants pour y purger ses fautes, ses erreurs, pour peut-être atteindre l'inaccessible étoile. Dans ces conditions, il me fallait conclure par un texte que j'ai entendu dernièrement lors d'un concert de mon idole :

« Tout a commencé dans l’amour et le sang
Une femme m’a mis au monde en hurlant
Elle m’avait gardé comme le pourboire d’un homme
Qui n’la pas regardée en l’aimant
Seulement mon père
Mon père c’était un régiment
Vous comprendrez sans doute
Pourquoi j’ai l’air méchant
Mauvais homme
Mauvais mari mauvais amant
Qui tient debout évidemment
Entre l’alcool et les calmants
Mauvais homme
J’étais déjà mauvais enfant
Et mauvais frère et mécréant
Le cœur battant au minimum
Mauvais homme
Et pas du tout c’que vous croyez
Seulement un type perdu
Qui ne voulait rien demander
Mauvais homme
Mauvais ami et mauvais père
Mais ivrogne qui veut la mer
Et qui s’endort avec un rhum
J’voudrais recommencer c’est ça mon testament
Transformer mon passé mais comment
Etre un jour peut-être une bible ou un enfant
Un animal normal simplement
Mais comment m’refaire
Comment rev’nir en arrière

Rentrer dans le ventre de ma mère
Et refaire mon entrée…
… Chez les hommes
Où je ne suis qu'un mauvais homme
Qui n'a rien fait de bien en somme
Qu'on effac'rait d'un coup de gomme
Mauvais homme
Je ne peux plus changer d'histoire
Changer de nom changer de forme
Y'a rien à voir dans ma mémoire
Mauvais homme
Qui a vendu son âme au diable
Mais qui finit tout seul à table
Qui n'est ensemble avec personne
Mauvais homme mauvais mari et mauvais père
Qui fait l'amour à des sorcières
Et qui s'endort avec un rhum

Mauvais homme
Je suis un mauvais homme
Mauvais homme »

(Michel Sardou).

Vivre, encore et toujours, aimer, donner, offrir, sourire, vaincre, je le veux et je vous le souhaite à tous.

A tous les gens qui souffrent …

Hier, j'ai appris que trois nodules m'envahissaient encore le corps. Un se situant sur le poumon gauche et les deux autres sur le poumon droit. Il va donc falloir que la chirurgie fasse une nouvelle fois son œuvre, mais en deux phases.

La semaine prochaine, à l'heure où j'écris ces lignes, je serai dans une salle d'opération complètement à la merci du chirurgien qui tentera sans trop de dégât d'aller enlever cette foutue bestiole qui me ronge ma vie. Après ce sera l'hospitalisation durant une bonne semaine, une dizaine de jours de récupération à la maison et ensuite on y retournera sur la table d'opération pour tenter d'ôter les deux autres métastases.

Evidemment que cela est dur à accepter, d'autant plus que j'étais persuadé au plus profond de moi-même que cela se déroulerait en une seule fois. Alors, je relativise, j'essaie d'être le plus serein possible et de continuer encore et toujours à y croire.

Je sais qu'une épée de Damoclès est là pendue au-dessus de moi, mais je ferai tout ce que je pourrai pour qu'elle choit le plus tard possible, je veux voir grandir ma fille, je veux avoir un jour le bonheur d'être grand-père, je veux encore partir visiter le monde, j'ai encore tant de choses à faire, tant de plaisir à offrir et à partager.

Ce combat, je sais qu'il est difficile à mener, c'est une lutte au quotidien, ne pas verser dans le dramatique, mais bien au contraire faire en sorte que l'histoire soit une épopée fantastique. Dans mon cas, c'est entouré de peu de personnes que je dois me battre au quotidien, un peu comme si vous deveniez, dès que la maladie s'abat sur vous, un pestiféré, une personne qui soudain devient infréquentable.

Pourtant, que je sache, le cancer n'est pas une maladie contagieuse, elle ne met en danger la vie de personne.

Mais que d'amis perdus dans cet épisode de ma vie. Une filleule que je ne vois plus et envers laquelle j'essaie d'abandonner mon statut de parrain.

Pas facile non plus d'obtenir gain de cause à ce sujet, tous les parcours sont difficiles et celui-là n'échappe pas à la règle.

Quoi de plus normal que de vouloir renoncer à cette alliance, alors que plus un mot n'est échangé depuis plusieurs années. Mais il faut avant tout, selon la Sainte Eglise Catholique, que la requête soit faite par les parents de la jeune fille.

Des parents qui eux aussi m'ont fui comme la peste alors que j'avais besoin de leur présence, de leur aide et de leur soutien. Ils se sont éclipsés comme des voleurs, sans un mot, m'abandonnant à mon triste sort.

Je reconnais qu'à cette époque, j'étais imbuvable, très véhément et je pouvais me laisser aller à d'ignobles commentaires, mais toute personne sensée, je crois, aurait du se poser la question du pourquoi de ce mal-être, au moins chercher un début d'explication. Non, c'est plus facile de se retrancher dans sa petite vie, convaincu d'avoir raison et abandonnant celui qu'hier on chérissait encore.

La maladie éloigne, elle isole. Je suis inactif sur le marché du travail depuis bientôt quatre ans et l'inutilité est aussi un sentiment lourd à supporter, l'impression de ne plus servir à rien, ni à personne. Et puis, il y a cette commission des pensions, devant laquelle je suis prié de me présenter tous les six mois de façon à expliquer et à réexpliquer l'état dans lequel je me trouve. Mais attention, tout cela doit être accompagné d'un solide dossier médical à l'appui pour que mon statut de « malade grave et de longue durée » soit reconnu. Sordide que cet organisme qui ne prend même pas la peine de vous examiner. Si au moins, une seule fois depuis trois ans, ils avaient pris le temps de regarder l'état de mon corps brûlé par les séances de chimiothérapie, si un jour ils pouvaient s'intéresser à l'homme et non à son dossier.

Ils sont véritablement très nombreux tous ceux dont je n'ai plus aucune nouvelle et cela est particulièrement vrai au niveau professionnel. Improductivité rime avec ignoré, oublié, isolé. Quelle peine j'éprouve à chaque fois que je vais rechercher mon épouse sur son lieu de travail qui était aussi le mien, quand d'anciens collègues ne vous reconnaissent même pas ou font sembler de ne pas vous reconnaître.

De peur sans doute de devoir entamer une longue discussion, pas très gaie à entendre certes, mais quelle douleur que cette ignorance.

Alors, on avance malgré tout, on fait avec et par chance il y a les fidèles, les incontournables, les « vrais ». Il y a aussi de nouvelles rencontres, merveilleuses, d'êtres sincères qui s'intéressent à ce que vous vivez et vous épaulent avec les moyens qui sont les leurs.

Il y a aussi ceux qui sont trop loin de moi et de qui j'aurais besoin maintenant.

Il y a les parents disparus à qui j'aimerais tant passer un coup de fil, leur expliquer toute ma peine, leur demander des conseils, leur réclamer de l'amour.

Et puis, il y a toi, Monique, qui va là-bas au loin, au-delà de l'océan atlantique, toi qui m'as prouvé que l'on ne devait jamais laisser tomber les bras.

Ta philosophie de vie m'a toujours subjugué, tes combats, le pèlerinage à Saint-Jacques de Compostelle, ta joie de vivre malgré la perte de ton époux que tu aimais tant. Par deux fois, je me suis rendu dans ta si belle province qu'est le Québec, à chacune de mes visites, je me suis ressourcé, j'en suis revenu toujours plus confiant et qu'est-ce que je regrette que tu ne sois pas plus proche de nous en ce moment.

Tout en écrivant ces lignes, me vient l'envie d'adapter les paroles d'une très belle chanson, toujours de mon idole, « La vieille » …que je transformerai en « Le vieux »

Il a un cancer sur la peau, le vieux
Il est pourtant déterminé
Au soleil, on s'sent rassuré

Il paraît qu'la dame à la faux
C'est l'hiver qu'elle fait son boulot.
C'est pas qu'il tienne tant à la vie
Mais les vieux ça a des manies
Ca aime sa femme et sa fille
Même si le monde s'arrête ici

Il a un cancer sur la peau, le vieux
Il est pourtant déterminé
Au soleil, on s'sent rassuré

Il ne fait plus partie du temps
Il a cent ans, il a mille ans
Epuisé et très fatigué
Par ces années de saleté

Il a ses amis en mémoire, le vieux
Dans son esprit, ils sont en grands
Et s'étiolent avec le temps

Y a les amis depuis longtemps
Et puis ceux qu'ont foutu l'camp
Y a ceux qui viendraient bien parfois
Mais qui n'ont pas de temps pour moi
Ceux qui sont là mais loin de moi
Puis y a les autres qui n'y pensent pas

Il a un cancer sur la peau, le vieux
Il est pourtant déterminé
Au soleil, on s'sent rassuré. « Adaptation d'un texte de Michel Sardou »

J'ai donc tiré l'échelle et je continue à progresser avec toutes celles et ceux qui ont des pensées positives. J'ai connu de fabuleuses histoires d'amour et d'amitié, sans les citer, je remercie ces acteurs de ma vie pour tout ce qu'ils m'ont offert à un moment donné de ma vie. Les autres, les déserteurs, sans les maudire, j'essaie de les oublier et de tourner les pages d'une vie partagée.

Enfin, si la maladie croise votre route un jour, il vous faudra également assurer financièrement. De plus en plus, on parle d'une médecine à deux vitesses, pour être moi-même dans le système, je peux vous assurer que ce n'est pas une projection, c'est déjà, malheureusement, le cas. Je n'ai pas à me plaindre, je parviens à honorer toutes les factures, mais ce n'est pas le cas de tout un chacun et des personnes meurent chaque jour pour n'avoir pas pu avoir les moyens de se soigner.

La maladie est injuste, elle soigne les riches et néglige les moins nantis, elle est cruelle à ce niveau aussi.

Voilà, je ne sais pas de quoi demain sera fait, de joie ou de peine mais en tout cas mes choix sont clairement établis.

Au noir, je préfère le blanc, aux larmes les sourires, j'oublie la mort pour chérir la vie,

Je veux vivre pour tout ce que j'ai encore à découvrir.

Vivre, encore et toujours, aimer, donner, offrir, sourire, vaincre, je le veux et je vous le souhaite à tous.

La parution de cet ouvrage a été rendue possible grâce à l'aimable participation financière de quelques amis que je remercie du fond du cœur …

Cet ouvrage a été composé par Edilivre
175, boulevard Anatole France – 93200 Saint-Denis
www.edilivre.com

Tous nos livres sont imprimés
dans les règles environnementales les plus strictes

Imprimé en France, 2011
Dépôt légal : juillet 2011

N° d'impression : 47112